Richard Kralik

Der Ruhm Österreichs

ein Weihfestspiel nach der Spanischen des Don Pedro Calderon de la

Barca

Richard Kralik

Der Ruhm Österreichs
ein Weihfestspiel nach der Spanischen des Don Pedro Calderon de la Barca

ISBN/EAN: 9783743673373

Hergestellt in Europa, USA, Kanada, Australien, Japan

Cover: Foto ©ninafisch / pixelio.de

Weitere Bücher finden Sie auf **www.hansebooks.com**

Der Ruhm Österreichs.

Ein Weihfestspiel

nach dem Spanischen des

Don Pedro Calderon de la Barca

von

Richard Kralik.

Wien und Leipzig.

Wilhelm Braumüller

k. u. k. Hof- und Universitäts-Buchhändler.

Personen.

Engel.

Kaiser Friedrich III.

Erzherzog Maximilian, sein Sohn.

Ein greiser Priester.

Fides,
Spes, } drei Hirtinnen.
Caritas,

Freidank, Bauer.

Frohmut, Bäuerin.

Dämon,
Aspis, } Teufel.
Basilisk,

Landleute, Soldaten, Chöre.

Scene: Ein waldiges Gebirgsthal, zur Seite eine Kapelle, im Hintergrund eine hohe Felswand — die Martinswand — in Tirol.

Zeit: 1490.

———

Die Musik zu diesem Schauspiel ist in Abschrift durch den Verleger zu beziehen.

1*

Prolog.

Der Engel.

Ich bin der Schutzgeist Österreichs. Vom Himmel
Komm' ich hernieder, Östreichs Volk, zu dir,
Von Flügeln heil'ger Dichtung hold getragen.
Der Sphären Harmonien klingen mir
Noch hehr im Ohr, mein Aug' ist noch vom Glanz
Des ew'gen Himmelslichtes ganz geblendet,
Und schwer nur mag ich Ohr und Augen hier
An Erdentosen, Straßenlärm gewöhnen
Und an die nebelschweren Dämmerungen.

Auf Gottes Machtgebot verließ ich eben
Des fünften Engelchores Fürstenreihen,
Wo aller Völker, Reiche, Städt' und Länder
Schutzgeister sich in mannigfaltiger,
Einträchtiger Liebe hold die Hände reichen
Zum trauten Wettstreit vor dem Throne Gottes,
Nicht wie hiernieden zu harmvollem Kampf.

Und also sprach zu mir der Herr der Tage:
„Du, Schutzgeist Österreichs, mir hold und theuer,
Wie theurer nie ein andrer meinem Herzen,
Vernimm mein Wort! Erbarmen fasset mich
Um jenes Reich, das ich mir auserkoren,
Das letzte aller Reiche einst zu sein.
Erinnre seine Bürger jetzt, da dräuend
Ich schwere Schickungen der Welt bereite,
An ihre Sendung, ihre hohe Pflicht!
Erinnre sie, daß ich nicht ganz umsonst

Die Stätte ihnen in Europas Herzen,
An mächtiger Alpen Fuß, am Donaustrom,
Zutheilen wollte, nein, als Kaiserthron,
Als Mittelpunkt der weit gedehnten Erde,
Gleich weit vom rauhen Nord und heißen Süd,
In rechter Mischung Berg und Thal gewährend.
An aller Völker Kreuzweg setzte ich
Sie hin, als meiner Plane treuste Hüter.
Erinnre sie des liebevollen Bundes,
Den ich in Worten und Versprechungen
Nicht nur, nein in der That, mit ihnen schloss.
Ich machte sie berühmt und reich und groß,
Mit Wunderthaten überhäuft' ich sie,
Ich sandte Helden, Heil'ge an sie aus,
Der Gnadensitze gab ich ihnen viele,
Wo sich die Himmlischen der Erde neigen.
Ich gab ihnen der Erde hehrsten Stamm
Zum Herrscherhaus, zum treuen Wächteramt.
Lang war mir auch das schöne Östreich hold
Und will mir's wieder werden, denn aufs neue
Beginnt es, sich der Gnaden zu entsinnen,
Die ich Jahrhunderte hindurch ihm bot.
Doch ungewohnt noch ist es meiner Huld;
Des Besten, Höchsten denkt es noch gar wenig.
Dies sei dein Amt: im ganzen Geisterreich
Erwähle dir Mithelfer deinem Auftrag!
Der Erde Dichter sollst du neu entzünden,
Auf dass sie, Sehern gleich, den Plan der Welt,
Wie ich ihn trag' im Geiste, hell durchschauen
Und Österreichs erhabne Sendung künden,
Sich selbst zur Ehre, diesem Reich zum Ruhm
Und seinem Kaiserhaus zur Festesfeier." —

So sprach mein und des ganzen Weltalls Schöpfer.
Und treu gehorchend schwang ich mich herab,
Mich senkend durch des Empyreums Licht
Und durch des Fixsternhimmels reiche Pracht,
Sodann mit ruhigerem Flügelschlag

In der Planetensphären Bahnen lenkend.
Bald sah ich eure grüne Erde rollen
Durchs Ätherblau und immer größer werden,
Bis ich die Meere, Lande unterschied,
Sodann Gebirge, dann der Alpen Schnee;
Ich sah der Donau Silberband aufglänzen,
Den Kahlenberg, den Stephansthurm erblick' ich.
Die Stadt sah ich zu froher Lust gerüstet
Und sah die Menge her zum Festhaus strömen.
In weiten Säulenhallen seh' ich euch
Allnun bereit zur froh ersehnten Feier.
Was ich bereiten wollte, find' ich schon
Geschehn, denn vor dem Sohn der Ewigkeit
Besteht der Zeit, des Raumes Schranke nicht.

Ich seh', wie Östreichs Dichter allbereit
In würdiger Bescheidenheit das Wort
Dem Größten ihrer Sängergilde gaben,
Der, euch schon todt, in mir lebt und in Gott,
Der, hehr wie keiner, Östreichs Haus besungen.

Hört ihn, als Fabler nicht, nein, als Propheten,
Als Prediger, als Priester heil'ger Kunst!
Er lehret euch, wie Östreichs größter Ruhm
Nicht Schlachten sind, nicht stolze Siegeswerke,
Nein, nur die unerreichte Frömmigkeit,
Die Volk und Herrscher ihrem Gotte hegen.
Nur dies ist Östreichs Würde, seine Kraft,
Sein Hoffen, seine Zukunft, all sein Heil.

Sowie der Griechen hochberühmtes Volk
In Frömmigkeit gegen die Heidengötter
Allein erreichte, was sie groß gemacht,
In Schlachten, in des Staates Bau, in Bildung
Und Kunst, in Werken unerreichbar fast,
Nur so, ihr Österreicher, werdet ihr,
Was euch in Kunst und Wissen, Krieg und Frieden
Groß machen kann, in treuester Frömmigkeit
Zur wahren Gottheit sicherlich erreichen!

Zum Spiel so vorbereitet, laß' ich euch.
Doch flieg' ich nicht sogleich zurück zum Himmel.
Als Österreich und seiner Herrscher Schutzgeist
Will ich auch noch im Spiele hier verweilen
Und nicht im Spiel nur, nein, in Wirklichkeit,
So lange euer Herz nicht freventlich
Sich dem verschließt, was euch mein Wort gekündet,
Der treue Nachhall nur von Gottes Wort.

Chor. Heute ist der Tag der Wonne
Und der Luſt nach heil'gem Brauch.
Freu' dich Erde, freu' dich, Sonne,
Denn der Himmel freut ſich auch!
Doch höher noch freue,
O Menſch, dich! Erneue
Die Bande der Treue
Für Herrſcher und Land
In göttliche Hand!

Dämon erſcheint oben auf der Felswand.

Dämon. Eröffne deinen unglückſel'gen Schlund,
Gähnender Abgrund dieſer Felſenwildnis!
Es ſpeie mich empor dein feuchter Athem
Mit Ungeſtüm als bleiche Fehlgeburt
Der Eingeweide dieſer Alpenberge!
Der Fama Erzpoſaune künde mich
Als Schrecken dieſer Höhn, als grauſen Herrſcher
Dieſer Gebirge, deſſen Löwenbrüllen
Der Fama Ruf noch übertoſen ſoll!
Denn wahrlich, keiner ſoll zur Stelle kommen,
Dem ich nicht Klagen regen will, wenn er
Den Löwen ſeine Beute ſieht zerfleiſchen,
Zumal an dieſem Tag, den abergläubiſch
Als Tag des Herrn die Bergbewohner feiern.

Zu ſeinen Ehren, wie zu meinem Leide,
Strömt hier die frohe Chriſtenſchar zuſammen
Zur ſtillen Waldkapelle, die verwittert
Im tiefen Thalgelände ſich erhebt.
Was Wunder, daſs ſo Gottes Dienſt hier blüht,
Da ſelbſt der Fürſt den Eifer der Vaſallen

Durch hohes Beispiel weckt? Doch neue Feindschaft
Will ich ihm heut erwecken, will zerstören
Die knechtische Andacht, will mich schlau bedienen
Zu seinem Fall der Hilfe wilder Diener.

O Ungeheuer du, das in der Wälder
Wie in der Gärten Grün in Farben schillert,
Der du das Gift in Gottes Schöpfung träufelst
Und die Verwesung in die Blüten senkst,
Du, der der Fluchbeschwörung stets gehorcht,
Der du auch ungebeten als Versucher
Listvoll erscheinst, du Satan, Aspis, Schlange,
Des Paradieses ruhmvoller Zerstörer,
Erscheine, denn dein Schwurgenosse ruft!

Aspis erscheint.

Aspis. Was willst du, Dämon? Den du riefst, ich bin es.
Dämon. Zu Hilfe ruf' ich dich, wie öfter schon.
Aspis. Du weißt, wie gern ich deinem Rufe folge,
Gilt es die Schlacht mit jenem Menschenwahne;
Denn trefflich mag sich unsre Kraft ergänzen.
Du bist die löwenkühne Stärke, ich
Die schlangengleiche List. Doch sage mir,
Zu welcher Unternehmung brauchst du mich?
Dämon. Es gilt ein unerhörtes Meisterstück.
Ich will — doch warte, später wirst du's hören.
Lass' uns zuerst den dritten Bundgenossen
Zu nie versagender Hilfe her beschwören! —

O komm', Bastard von unbekanntem Ursprung,
Nicht Schlange und nicht Vogel, Drachenbrut,
In gleißnerische Farbenpracht gehüllt,
In Schuppen halb und halb im Federkleid!
Du, dessen grauser Schrecken also groß,
Daß schon dein Blick versteinert, wen er trifft,
Du, unverwundbar jeder Waffe, nur
Dem eignen Blick im Spiegelbilde nicht,
Du, Basilisk, du fleischgewordne Wuth,
Blindwüthiges Rasen, unheilbarer Wahn!

Basilisk. Dein Ruf gilt mir. Hier bin ich, den du meinst,
O Dämon! Sieh, wie zittert schon der Wind!
Die Wasser beben und der Abgrund schauert.
Die Berge graut es, alles stehet starr
Und tief erschüttert, da sie auf den Höhen
Der Alpen uns hier bei einander schauen
Auf dieser düstersten der Felsenklippen:
Die Löwenkraft, die Schlangenlist und mich,
Den Wahn!

Aspis. So sag' uns, Dämon, deine Plane!

Dämon. Ich weiß nicht, ob mir's möglich ist. Doch hört!
Es schreckt und ärgert mich, dass immer noch
Die Christen jenen Jesus hoch verehren,
Den wir gemordet mit dem Volk im Bunde,
Das seine Jünger nie bekehren konnten.
Sie nennen ihn den Weg und ihren Führer,
Die Wahrheit, Lehrer, Leben, Lebenspender,
Erlöser und Erlösung, Licht, Erleuchter,
Thau und des Thaues Sender, Lebensquelle,
Lebendiges Wasser, Künstler, Arzt und Heiland,
Des Heiles Medicin, die Saat des Heiles,
Den Sämann und den Schnitter, wie den Samen,
Weintraube, Weinstock, Winzer, ihren Weinberg,
Den guten Hirten und das gute Lamm,
Den Richter, die Gerechtigkeit und andres. —
Erwähnt' ich alles, fänd' ich nie das Ende.
Jedoch am meisten lässt mich dies erschauern,
Dass man ihn als den Opfrer und Empfänger
Des eignen Leibs und Blutes preist, als Priester
Zugleich und als Altar, als Opfergabe
Und Opfrer seiner selbst. Wenn ich das höre,
Verwirrt mein Auge sich, die Lippe stammelt,
Die Stimme stockt, die Zunge starrt, das Haar
Steht mir zu Berge und mein Herz hört auf
Zu schlagen. Unbegreiflich scheint es mir
Und unvernünftig; denn beneiden müsste
Der Engel dann den Menschen, der auf Erden

Den Gott empfängt und sich mit ihm vereinigt,
Da jener ihn im Himmel doch nur schaut.

Ob immerwährend dieser Zorn und Ärger
In meiner Brust wie eine Hydra tobt,
Die gegen dies Geheimnis Feuer speit
Und Rauch und Gift, — besonders heute treibt
Dieser Gedanke mich zur Wuth, denn heute
Am Tag des Herren feiern mit Gesang
Und Jubeltönen alle dieses Opfer;
Zumeist jedoch in Östreichs Alpenbergen,
Wo fester dieser Glaube noch als sonst
Sich eingewurzelt. Jener Prophezeiung
Glaubt alles, dass nur Östreichs Herrscherhaus
Die Feinde Christi überwinden werde.

Ihr kennt ja die Geschichte jenes Rudolfs
Von Habsburg. Doch wer kennt sie nicht? Verirrt
Auf langer Jagd, in dunkler Nacht, beim Wüthen
Der Elemente sah ein fernes Licht
Er schimmern. Näher ritt er, fand alldort
Am flutgeschwollnen Wildbach einen Priester,
Der mit dem Sacrament zum Kranken eilte
In eine ferne Hütte. Rasch vom Ross
Sprang Rudolf, kniete tief anbetend nieder.
Den Priester hob er selber in den Sattel,
Zum Stallknecht Gottes ward der edle Herr.
Er gieng, des Rosses Zügel in der Rechten,
Die Leuchte in der Linken, unbedeckt
Das Haupt, im schlimmsten Wetter mit zur Hütte,
Von dort zurücke wieder bis zur Kirche.

Zum Angedenken an die Knechtesthat
Hat man allhier ein Kirchlein gar gebaut;
In diesem feiert jährlich man das Fest,
Wie heute wieder; denn — o Thorenwahn! —
Sie glauben alle, dass nur dieser That
Das Haus von Habsburg alles Glück verdanke,
Den Kindersegen, Frieden der Vasallen,

Der Unterthanen Treue, manchen Vortheil
Im Krieg, und als das höchste Weihgeschenk,
Die Kaiserkrone, höchste Zier der Welt.
So, sagt man, hab' der Priester prophezeit.

In diesem Glauben lebt und herrscht ja noch
Der Kaiser Friedrich, Rudolfs vierter Enkel,
Und Maximilian, Friedrichs junger Sohn.

Zum Angedenken jener Prophezeiung
Versammeln sich stets am Frohnleichnamsfeste
Die Hirten all und Bauern dieser Triften
Um jenes Kirchlein mit Gesang und Tanz.
Auch Maximilian, der der Jagdlust wegen
Hier diese Gegenden vor allem liebt,
Wird nicht verfehlen, mit dem ganzen Volke
Das Kirchlein zu besuchen in Erinnerung
Der segenreichen Handlung seines Ahnherrn.

Dem Eifer dieses Frömmlers müssen wir
Durch unsern Gegeneifer stracks begegnen.
Drum ließ ich des Vulkanes Minen springen,
Darum rief ich euch beide zu mir her,
Damit, wenn in des Volkes Festgewoge
Den Jüngling Glaube, Hoffnung, Lieb' begleiten,
Wir drei mit jenen kühn wetteifern können,
Wir Höllensöhne: Wahn, Gewalt und List.

Du Basilisk, das Aug' voll Todesgift,
Du rüste dich wider den blinden Glauben!
Wenn dieser Nichtgeschautem Leben gibt,
Gib du Geschautem Tod! — O Aspis du,
Auf Hinterlist begründe deine Siege,
Aus Blumen spritze dein verderblich Gift,
Gegen die Hoffnung rüste deine Schlauheit,
In ihrem Immergrünn als Schlange lauernd!
Durch deinen Hauch schon mache sie verwelken!

Ich selber, da mein Neid ja keine Liebe,
Mein Haß nicht Freundschaft kennt, mein Zorn nicht
Sanftmuth,

Ich will als brüllender Löwe, grimmer Drache
Die Waffen meiner Krallen wüthend schwingen,
Bis jene Liebe meinem Rasen fällt;
Denn zu verschlingen such' ich, wer mir nahkommt.
    Dies ist der Kampf, zu dem ich euch begeistre.
Laßt meine Leiden euch bewegen! Stachle
Euch auf mein Ärger, weck' euch auf mein Zorn!
Der Führung meiner Waffen folget! Schart euch
Zu meinen Fahnen, meiner Rache Heer!
So laßt uns sehn, wer hier den Sieg behält!
Wir wollen jenen David Lügen strafen,
Der sang, daß jeder, der in Glaube, Hoffnung
Und Liebe wandelt, seinen Fuß auf Drachen,
Auf Basilisk und Schlange setzen dürfe.

Aspis. Wuthvoller, großer Herrscher dieser Berge,
An deinem Ärger nimmt der meine theil.
Darum versprech' ich meinerseits den Sieg
Über die Hoffnung mit erprobter List.
Hier unter Blumen will ich mich verstecken
Als schlauer Dieb wie einst im Paradiese,
Und dieses zweite Paradies zerstören.
Mit Schmeichelein will ich es dazu bringen,
Daß alle, jenem zähen Volke gleich,
Die Ankunft Christi, seine Sacramente,
Sein Opfer, seine Gnade leugnen sollen,
Im Wahne eines ewig fernen Heiles.
So will ich alles Hoffen niederschlagen.

Basilisk. Ich will den blinden Glauben mir zum Ziel
All meines scharfen Gifts erwählen. Sieht
Er mich auch nicht, flöß' ich ihm durch das Ohr
Doch meiner Überredung Feuer ein,
Daß er sich schäme ungesehnen Glaubens,
Daß er nicht länger wähne, Brot und Wein
Sei eines Gottes wahres Fleisch und Blut.
Zum Abfall will ich also ihn bestimmen.
Nur was er sieht, soll er auch glauben dürfen.

Dämon. Und ich, der Gottesleugner, will die Liebe
Zu Gott befehden, meines Hasses Blitze
Will ich auf jene schleudern, die mit Jauchzen
Das hohe Sacrament zu feiern wagen
In immer wiederholten Jubelliedern.

Chor (unsichtbar). Heute ist der Tag der Wonne
Und der Lust nach altem Brauch.
Freu' dich, Erde, freu' dich, Sonne,
Denn der Himmel freut sich auch!
   Doch höher noch freue,
   O Mensch, dich! Erneue
   Die Bande der Treue
   Für Herrscher und Land
   In göttliche Hand!

Aspis. Die Feier in der Kirche ist zu Ende.
Zum Thale kehrt das Volk, zum Tanz, zur Lust.
Sie feiern Maximilian in Gesängen
Und breiten sich durchs ganze Thalfeld aus.

Basilisk. So laßt uns nun herniedersteigen und
Uns unter jene mischen.

Aspis.   Aber wird
Man uns, die Fremden, nicht mit Argwohn schauen
Und meiden?

Basilisk.   Ja! Und so wird unsere List
Und unser schlauer Plan zunichte werden.

Dämon. Getrost! Laßt uns von jener Seite nur
Als fremde Wandrer kommen, die, vom Ruf
Des Festes aus der Ferne hergelockt,
Neugierig unters bunte Volk sich mischen.

Aspis. So sei es! Damit werden wir sie täuschen,
Zumal wenn unsre rauhen Stimmen wir
Mit ihrem Sang vermischen.

Basilisk.   Wohl. Hinab!

Die drei entfernen sich von oben. Unten treten Landleute auf mit Musik. Darunter Fides, Spes und Caritas, Freidank und Frohmut. Später auch der greise Priester und Maximilian.

Chor. Heute ist der Tag der Wonne
   Und der Lust nach altem Brauch.

Freu' dich, Erde, freu' dich, Sonne,
Denn der Himmel freut sich auch.

Spes. Freuet euch des hohen Tages,
Des die Hoffnung sich erfreut,
Wo im Glanz des grünen Hages
Alter Wahrspruch sich erneut!

Chor. Bekränze und freue,
O Welt, dich! Erneue
Die Bande der Treue
Für Herrscher und Land
In göttliche Hand!

Caritas. Freuet euch des Tags, da Liebe
Aus dem Himmel niederfloſs
Gleich dem Quell, der nach dem Hiebe
Heil'gen Stabes sich ergoſs.

Chor. Bekränze und freue,
O Welt, dich! Erneue
Die Bande der Treue
Für Herrscher und Land
In göttliche Hand!

Fides. Freuet euch des Tags, wo Glaube
Sich beseligend ergießt,
Wie aus süßer Blumentraube
Duftig klarer Honig fließt.

Chor. Bekränze und freue,
O Welt, dich! Erneue
Die Bande der Treue
Für Herrscher und Land
In göttliche Hand!

Frohmut. Heil dem Tag, da Himmelsbrot
Stillt der Seele Hungersnoth!

Freidank. Heil dem Tag, da Himmelswein
Unsre Labung möge sein!

Es treten auf Dämon, Aspis und Basilist; sie singen mit der Musik.

Chor. Bekränze und freue,
O Welt, dich! Erneue
Die Bande der Treue

Für Herrscher und Land
In göttliche Hand!

Freidank. Was mögen, Frohmut, das für Leute sein,
Die sich da mengen unter unsern Reihn?

Frohmut. Weiß nicht, mein Freidank, hab' sie nie gesehn.
Doch wundert's dich? Auf Gottes Erde gehn
Gar wunderliche Kostgänger einher.
Wer weiß, von welchem Lande überm Meer
Die zu uns kommen!

Freidank. Nun, bei Gott, sie mögen
Ganz gute Leute sein, doch sehr dagegen
Spricht all ihr Aussehn. Die verwünschten Mienen
Sind nicht Empfehlungen. Mir graut vor ihnen.

Caritas. O Fides, welche Leute kommen dort?

Spes. Mir bangt die Seele. Wären sie nur fort!

Fides. Getrost! Wenn sie auch listenvoll sich nahten,
So werden ihre Werke sie verrathen,
Noch eh sie schaden können.

Aspis. Schaut, ihr beiden,
Wie alle uns mit düstern Blicken meiden'

Basilisk. Sie fürchten wohl mit Recht in uns die Feinde.

Dämon. Ha, sorget nicht! Seid kühn und zaglos, Freunde!
Man sagt, die Tugend sieht das Laster nicht.
Wir bleiben unentdeckt, was man auch spricht.

(Zu den andern.)

Ihr Bauern, Hirten, Hirtinnen, ihr seid
Verwundert, dass wir hier im Fremdlingskleid,
Vom Festklang hergerufen, zu euch kommen.
Lasst euch nicht stören! Singet unbeklommen
Und lasst uns eure Freude theilen!

Freidank. Ja!
So fangt das Lied von neuem an! Heia!

Chor. Bekränze und freue,
O Welt, dich! Erneue
Die Bande der Treue
Für Herrscher und Land
In göttliche Hand.

Maximilian kommt, begleitet vom Engel in Trabantentracht.

Maximilian. Nicht find' ich Worte, euch genug zu loben
Ihr Treuen! Mög' der Herr im Himmel oben
Euch dafür lohnen, daß ihr ihn so ehrt,
Wie kaum ein Volk der Erde. Wohl bewährt
Hat sich so feste Treue; und zum Zeichen,
Daß nie mein Haus von solcher Pflicht soll weichen,
Will ich die fast verfallne Waldkapelle
Mit Pracht erneuern. An der alten Stelle
Erhebe sich ein reich geschmückter Bau
Und gebe Zeugnis dieser schönen Au
Vom Bund, den Gott nach ewig weisem Rath
Mit Österreichs Erzhaus geschlossen hat!

Der Priester (kommt).
O blühe tausend Jahre, Herr, die Blüte
Von deiner Frömmigkeit, von deiner Güte!

Maximilian. Seid Ihr des Gotteshauses Priester?

Priester.   Ja,
O edler Herr!

Maximilian.   So haltet mich allda
Als Euren Gast! Und immer jedes Jahr
Will ich zu dieser Jahreszeit fürwahr
Wieder bei Euch erscheinen. Doch dass nicht
Für Heuchelei Ihr's haltet, sag' ich schlicht,
Dass noch ein andrer Grund in meiner Brust
Mich dazu zwingt; denn meine höchste Lust
Ist ja die Jagd in diesen wilden Bergen.

Priester. O Fürst, Ihr brauchet traun nicht zu verbergen
So guten Grund. Ein würd'ger Lohn der Mühn
Ist es dem Fürsten, auf die Jagd zu ziehn
Und schwere Herrscherlasten eine Weile
Von sich zu werfen. Mög' Euch nur zum Heile
Die Lust gereichen, nicht zum Schaden gar!

Maximilian. Darob seid ruhig! Jegliche Gefahr
Hab' ich erprobt. — Dort tobe heut die Jagd
An jenem Berg, der bis zum Himmel ragt,
So dass man seinen weißen Gipfel kaum
Von Wolken unterscheidet. Dort am Saum
Des Waldes soll mein Jagdgefolg mich finden.

Engel-Trabant.
Schon harrt es dort mit Hunden und mit Winden.
Der ich der Wache Dienst bei dir versehe,
Ich gab den Auftrag. Nimmer deine Nähe
Verlass' ich, dich zu schützen vor Gefahren,
Die dieser Berge Schrecken offenbaren.
Maximilian.
Mir wird geschehn nicht wider Gottes Willen —
Engel. Gott will in Leiden oft den Frommen hüllen
Zu seiner Prüfung, auch dass er den Freund
Zu scheiden lerne und verborgnen Feind.
Priester. Dürft' ich noch eine Bitte, Herre, wagen?
Maximilian.
Was bangt und wirret Euch? Ihr mögt es sagen?
Priester. Besteigt den Berg, o Fürst, nicht gar zu schnell!
Wenn an dem Mittag dort die Sonne hell
Den Fels bescheint, so schmilzt die heiße Glut
Den Schnee, so dass vor der Lawinen Wuth
Nicht sicher ist, wer jene Höhn betritt.
So wartet, bis die Sonne niederschritt
Vom Firmament! In kühler Abendzeit
Ist weniger Gefahr.
Freidank.   Bei meinem Eid,
Bleibt, Herr! Der alte Pfarrer spricht ganz recht.
Maximilian. Bei solcher treuen Bitte thät ich schlecht
Und undankbar, wenn ich mich widersetzte.
Und Eure Liebe kalten Muths verletzte.

So lasst uns denn in dieser Bäume Schatten,
Hier auf dem Teppich dieser grünen Matten,
Unter dem Baldachine dieser Farren
Und auf dem Throne dieser Felsen harren,
Bis ihre Strahlen sänftiget die Sonne. —
O Priester, voll noch bin ich von der Wonne,
Der Messe hold Geheimnis zu ergründen,
Die ich heut hörte. Stets aufs neue entzünden
Mir ihre Wunder Herz und Sinne. Sehet:
Wie Adam fern dem Paradiese, stehet

Der Priester erst am Altar. Sein Besteigen,
Es will die Sehnsucht nach dem Eden zeigen.
Beim Kyrie scheint der Altväter Schar
Weinend zu rufen. Aber hell und klar
Erschallt beim Gloria der Engel Kunde.
Das Evangelium singt vom neuen Bunde.
Dann opfert Gott sich selbst in Brot und Wein,
Und: heilig, heilig! singen Engel drein.
Dann das Memento mahnt an Gottes Tod;
Doch Auferstehung zeigt das Lebensbrot.

Priester. Seht nur, in fromme Schwermuth ganz versenkt,
Wie er die Gnaden Gottes tief bedenkt!

Freidank. Wir müssen ihn erheitern.

Frohmut.   Laßt uns wieder
Gesang erheben!

Freidank.   Ja, singt frohe Lieder!

Maximilian, Genug des allzuausgedehnten Festes!
Es wäre besser, setztet ihr euch nieder
Hier auf den Blumenteppich, den die Au
Euch gerne beut. Setzt euch, ich wiederhol' es!

Freidank. Es wäre thöricht, nicht zu folgen, wenn
Der Herr befiehlt das, was wir selber wünschen.

Frohmut. Ja, setzen wir uns alle!

Freidank.   Und ihr Fremden,
Ihr setzt euch nicht?

Dämon.   Wenn ihr Erlaubnis gebt.

Freidank. Nehmt sie, so brauchen wir sie nicht zu geben.

Maximilian. O Gott, um wie viel schöner ist das Leben
In dieser Berge Frieden, als am Hofe!

Engel. O, welch ein weites Feld enthüllt die Bühne
Des Lebens! Seht, auf dieser Auen Grüne
Tritt Tugend, so wie Laster in das Spiel.
Laßt sehn, wer heut erringt des Sehnens Ziel!

Maximilian. Damit die Zeit nicht müßig uns enteile,
Ersinn' ein Spiel, mein Freidank! Keine Stunde
Sei tieferm Ernst, noch heiterm Scherz verloren.

Freidank. Ich wüßt' ein Spiel, wenn Ihr Erlaubnis gäbet.

Maximilian. Brauchst nicht erst lang zu bitten. Zeig' es an!

Freidank. Ich meine keines, das ich selbst erfand,
Nein, ein altväterisches, das man oft
Noch hier zu Lande spielt.

Maximilian. Wie ist dies Spiel?

Freidank. In solcher Weise: seht, man frägt, ob einer
Nicht etwas andres sein will, als er ist,
Und was dann sonst, und auch aus welchem Grund.
Drauf muss er Antwort geben möglichst witzig
Und den Bescheid noch in ein Sprüchlein fassen,
Den alle singend wiederholen können.
Trifft er das nicht, und ist sein Grund ein schlechter,
So lachen wir zur Straf' ihn alle aus,
Und er muss auch noch eine Buße leisten.
Die ihm als Richter mag der Priester setzen.

Maximilian. So sei es!

Alle. Ja, so sei es!

Freidank. Fanget an,
Wie es hier Sitte ist, mit einem Liedchen!

Chor. Wohlauf, wohlauf zum frohen Spiel!
Und wer sich irrt, der zahle
Die Buße, wie der Richter will!

Freidank zu Spes). Nun, allerschönstes Mägdelein,
Das du hier kamst in unsern Reihn,
Wenn du nicht wärest, was du bist,
Was möchtest du dann anders sein?

Spes. Ich möchte wahrlich, könnt' es sein,
Die demuthvollste Ähre sein.

Freidank. So thu uns kund
Den rechten Grund!

Spes. Die Ähre setzet ihre Hoffnung nur
Auf Gott und lebt von seiner Fürsicht bloß,
Die andern Pflanzen muss der Gärtner erst
Mit Mühe pflanzen, schneiden, reinigen, laben,
Begießen und betreuen, bis sie wachsen
Und voll gedeihn. Die Ähre nur vertraut
Auf Gott allein. Der Landmann setzt sie nicht,
Er streut nur ihren Samen in der Hoffnung,
Daß er ihn nicht umsonst in Luft gestreut.

So ist die Ähre Sinnbild reinen Hoffens.
Doch außerdem ist noch das Glück ihr eigen,
Daß man aus ihr der Hostie Brot bereitet,
Und daß ihr Stoff zu Gottes Leibe wird.
  Drum Heil der Ähre, denn sie gilt
  Als reinen Hoffens schönstes Bild.
  So demuthvoll, des Armen Brot,
  Verwandelt sie sich doch in Gott.

Freidank. Gut ist der Spruch, den jene sprach:
So singen wir ihr alle nach!

Chor. Ja, Heil der Ähre, denn sie gilt
  Als reinen Hoffens schönstes Bild.
  So demuthvoll, des Armen Brot,
  Verwandelt sie sich doch zu Gott.

Freidank (zu Aspis). Nun aber kommt an Euch die Reih',
Mein fremder Herr. So saget frei,
Wenn Ihr nicht wäret, was Ihr seid,
Was wärt Ihr lieber jederzeit?

Aspis. Wär's möglich nicht zu sein, was ich jetzt bin,
Möcht ich die Palme sein nach meinem Sinn.

Freidank. So thut uns kund
  Den rechten Grund!

Aspis. Nun, Königin der Pflanzen ist die Palme,
Ist stark und kräftig, widersteht dem Sturme.
Aus eigner Macht besteht sie und gedeiht.
Sie braucht nicht Gott, noch Gärtner, wie die andern.
Sie lebet nicht im Wahne, wie die Ähre,
Einst Gott zu werden, klugem Sinn zum Spott.

Maximilian.
O schweige! sprich nicht weiter! schlechte Hoffnung
Trägt deine Palme, denn sie gibt die Frucht
Nie jenem, der sie pflanzt, nein, erst den Enkeln.
Hebräische Hoffnung mag man solches nennen.
Du aber, Fremdling, scheinst der Schlange gleich,
Die unter Festesblumen tückisch lauert,
Den Scherz in Ernst wandeln zu wollen.

Aspis.   Ha,
Wie schilt er mich! Er soll es heut noch büßen!

Engel. Wie hart erscheint der Tugenden und Laster
    Gewalt'ger Zweikampf auf der Erdenbühne!

Freidank. Mir scheint, der Spieler hat verloren.
    So lacht, und straft ihn so, den Thoren!

Chor. Haha, haha, er hat verspielt;
    So zahl er denn die Buße
    Nach Spieles Rechte, wie's hier gilt!

Priester. Und dies soll seine Buße sein:
    Verlier' er denn der Hoffnung Schein
    Und hoffe ohne Ruh und Rast
    Zu seiner eignen Pein und Last!

Chor. Er geh, und zahl die Buße
    Nach Spieles Rechte, wie's hier gilt!

Meximilian. So fahret fort im sinnereichen Spiele!

Freidank (zu Fides). Sprich du nun, holdes Mägdelein,
    Wärst du nicht du, was wolltst du sein?

Fides. Ich möchte wahrlich, könnt' es sein,
    Die wundersüße Rebe sein.

Freidank. So thu uns kund
    Den rechten Grund!

Fides. Demüthiger noch ist diese als die Ähre,
    Sie hebt sich nicht einmal auf schwachem Halm
    Empor, ganz ohne Stamm wächst sie und trägt
    Die süßeste Frucht, sich an der Erde windend.
    Nicht weniger Hoffnung hat sie als die Ähre,
    In Gottes Blut sich einstens zu verwandeln.
    Drum Heil der Rebe, denn sie gilt
    Als reinen Glaubens klares Bild!
    Seht, wie sie fest am Stamm sich hält!
    Als Gottes Blut labt sie die Welt.

Freidank. Gut ist auch, was dies Mägdlein sprach.
    So singt ihr allzusammen nach!

Chor. Ja, Heil der Rebe, denn sie gilt
    Als reinen Glaubens klares Bild.
    Seht, wie sie fest am Stamm sich hält!
    Als Gottes Blut labt sie die Welt.

Freidank. Der nächste folgt. Nun, fremder Mann,
    Was möchtet Ihr sein? Sagt uns an!

Basilisk. Zu niedrig und gemein ist, was ihr wähltet.
Ich möcht' am liebsten rauher Dornbusch sein.
Freidank. So thut uns kund
Den rechten Grund!
Basilisk. Ihr kennt ja die Geschichte von dem Reichstag
Der Bäume, wo zum König sie den Dornbusch
Erwählten, weil am besten er mit Dornen
Bewehrt ist. Wär' ich König dann der Pflanzen,
So würd' ich jener Ähre und der Rebe
Gebieten, nur zu glauben, was sie sehen.
Maximilian.
Ha, schweige! Denn ich seh', du willst nur stören
Den Frieden dieses Kreises. Was du nicht
Begreifst, nicht fühlst, nicht ahnst, willst du uns rauben.
Basilisk. Es riecht der Priesterknecht in mir den Ketzer.
Doch warte nur, ich will Geduld dich lehren!
Freidank. Der Sprecher hat's verfehlt, so lacht
Und gebt auf seine Buße acht!
Chor. Haha, haha, er hat verspielt!
So zahl' er denn die Buße
Nach Spieles Rechte, das hier gilt.
Priester. Wer, was er sieht, nur glaubt, der Narr,
Der gleicht dem Basilisken gar,
Des Blick zerstört. Drum sei der Mann
Nach Basiliskenrecht fortan
Verdammt, sein eignes Bild zu schauen
Im Spiegelsee, sich selbst zum Grauen!
Chor. So geh und zahl' die Buße
Nach Spieles Rechte, das hier gilt.
Maximilian.
Laßt euch nicht stören! Fahrt im Spiele fort!
Freidank (zu Caritas): Nun du —
Caritas. Bevor du noch gefragt,
Sei gleich die Antwort dir gesagt.
Ich möchte eine Quelle sein,
So hell und lauter; klar und rein,
Ein Born der Gnade, drin der Basilisk
Sich schaue, aber nicht zum Sterben, nein,

Nur um beim Anblick seiner Häslichkeit
Der Besserung und Liebe sich zu weihen,
Um im Krystall die Flecken abzuwaschen
Und dann der Ähre und der Rebe Früchte
Im rechten Glauben inniglich zu kosten.
Durch Buße rein, durch Himmelsspeise heilig,
Trink' er aus dieser Quelle sieben Röhren
Die Gnadenfülle aller Sacramente
Und stimme mit uns ein in süßen Sang:
    Der Liebe Heil! Sie gleicht dem Quell,
    Der mit lebendigem Wasser schnell
    Euch reiniget und gnadenvoll
    Der Seele Dürsten stillen soll.

Freidank. Dies mag das beste Sprüchlein sein.
So stimmet allzusammen ein!

Chor. Der Liebe Heil! Sie gleicht dem Quell,
    Der mit lebendigem Wasser schnell
    Euch reiniget und gnadenvoll
    Der Seele Dürsten stillen soll.

Freidank (zum Dämon.) Nun folget Ihr!

Dämon.   Verschone mich mit Fragen!
Ich geb' dir keine Antwort.

Freidank.   Ei, warum?

Dämon. Ich kann nicht wünschen, mehr zu sein als ich
Schon bin. Nichts Höheres erkenn' ich an.
Ha, ich bin ich! Unbeugsam ist mein Wesen.
Ich selbst erwählte mir mein eigen Sein.
Was Gott nur wähnt zu sein, das bin ich wirklich.

Maximilian. Verruchter Gotteslästrer, die Geduld
Droht mir zu reißen.

Engel.   Halte ein, o Herr!
Mir, deinem treuen Wächter kommt es zu,
Den Hochmuth zu bestrafen. Teufel du,
Sink' nieder, Nachtgeburt, der Schöpfung Spott!
Bekenne knirschend hier: wer ist wie Gott?

Dämon. Halt' ein! Erinnre mich nicht alter Kämpfe,
Vergangner Siege, längst verschmerzten Sturzes!
Besiegt bin ich noch lange nicht, wenn auch

Du deiner Sache Östreichs Herrscherhaus
Und Reich für alle Zeit verbunden wähnst.
Auf diesem Jüngling ganz allein beruht
Des allzugläub'gen Stammes Hoffnung. Ha,
Trotz deiner Hut soll er mir heute fallen. (Ab:)

Engel. Hinweg von hier! Ich bin's, der ihn errette!
Wie hoch du prahlst, du liegst an Gottes Kette. (Ab.)

Aspis.
Der Meister wich; ich will mich seitwärts schmiegen. (Ab.)

Basilisk. Und ich will ungesehen von dannen fliegen. (Ab.)

Caritas. O, welch ein Schrecken!

Fides.   Welche Angst!

Spes.   Verwirrung
Hat plötzlich unser harmlos Spiel zerstört.

Freidank. O Herr, ein wildes Thier von nie geschauter
Gestalt ward auf den Bergen dort gesehn.

Alle (mit dem Chor).
Ein Ungeheuer! — Fliehet, fliehet, flieht! —
Nein, bleibt! — Zum Wald! — Ins Thal! — Hin=
            auf den Berg!

Maximilian.
Ein wildes Thier? Was zweifelt noch mein Muth?
Gebt mir den Wurfspeer, dass ich es erlege!
Den schrecken wilde Thiere nicht, der oft
Die Schlacht durchkämpft mit unzählbaren Feinden.
Und wenn der Schoß der Alpen alle Brut
Der Bestien entsendete, ich eile
Zur Königsjagd. Wohlauf zum Berg, zum Wald!

Chor. Dem Fürsten nach! Zum Berg, zur Schlucht,
            zum Walde!

                (Alle ab.)
            Aspis kommt wieder.

Aspis. Verborgen bleib' ich hier in des Gebüsches
Dickicht. Vom Laub bedeckt brauch' ich es nur
So weit zu öffnen, als mein Muth erlaubt.
So kann ich doch erspähen, welchen Ausgang
Die Jagd gewinnt. Denn ganz bequem erschau' ich
Den rauhen Rücken jenes Waldgebirges.

Chor. Zum Berg, zum Berg, ihr Schützen!
　　Ihr Hirten, in die Schlucht!
　　Das Thier jagt in die Flucht!
　　Den Fürsten eilt zu schützen!
Aspis. Geschrei und Jagdlärm füllet Thal und Höhen.
　　Doch siehe! Allen andern weit voraus
　　Hat Maximilian schon des Berges Mitte
　　Erstiegen auf der überkühnen Jagd
　　Nach jenem Ungeheuer, das, ich weiß es,
　　Kein andrer als der Dämon hat entsendet.

　　　　Maximilian erscheint auf der Mitte des Felsens.

Maximilian. So stehe, wüthend Thier, der Höll' entsandt!
　　Du siehst, allein steh' ich dir gegenüber,
　　Doch werd' ich nimmer dir den Rücken wenden.
　　Steh mir! Denn fliehst du, bleibt mir wenig Ruhm,
　　Den Flüchtigen zu jagen. Aber nein,
　　Aus Ruhmsucht bin ich dir nicht nachgejagt,
　　Nur um die Welt von solchen Ungeheuern
　　Zu säubern. Stehe! Ho! Wo schwandst du hin? (Ab.)
Aspis. Ha, welche Kühnheit! Traun, er folgt ihm nach
　　Bis hin zu Höhn, die nie des Menschen Fuß
　　Betreten hat. Ich schaue ihn nicht mehr.
　　O, wär' ich Adler, könnt' empor mich schwingen
　　Zu solcher Höh', den nie gesehnen Kampf
　　In jener Wildnis dort zu schaun, umhüllt
　　Von Wolken, die die Sonne kaum durchbricht.
Chor. Zum Berg, zum Berg, ihr Schützen!
　　Ihr Hirten, in die Schlucht!
　　Das Thier jagt in die Flucht!
　　Den Fürsten eilt zu schützen!

　　　　Maximilian erscheint auf der Höhe des Felsens.

Maximilian. Nicht weiter kannst du fliehen, Ungeheuer!
　　Jedoch, was seh' ich? Ha, kein wildes Thier,
　　Ein Dämon harret meiner dort zum Zweikampf.
　　Bin ich verloren? In der Hand der Hölle?
　　Doch nein, denn mich beseelet Gottvertrauen.
　　Wohl fürcht' ich, doch veracht' ich meine Furcht.

Du, Teufel, kämpfe mit der Hölle Waffen!
Laß schauen, ob die meinen schwächer sind!

Dämon erscheint auf der Höhe.

Dämon. Wozu der Kampf? Verschlinge mich der Abgrund!
Mir stürze nach die halbe Felswand! Ha! —

(Donner und Sturz.)

Mir gnügt es, daß ich dich zum Felsen lockte,
Von dem kein Pfad nunmehr hernieder führt.
Bleib auf dem Gipfel hilflos nun! Verschmachte!
Verhungere! Erstarre und verzweifle!

Chor. Es donnert der Abgrund, es stürzet ·die Wand!
Wo blieb unser Herrscher? Das Unthier entschwand.

Maximilian. Das Ungeheuer entschwindet meinen Augen.
Bei seinem wilden Brüllen zittert bang
Das Alpgebirge, und der Felsengrat
Bricht krachend nieder, ganz zerstückt zertrümmert.
Was soll all dies bedeuten? Mir versagen
Gedanken, und die Kräfte drohn zu wanken.
So großer Schrecken hat mein Herz ergriffen!
Wär' wirklich jeder Pfad mir abgeschnitten? —
Unmöglich ist der Weg von dieser Seite. —
Vielleicht daß drüben sich ein Ausweg zeigt. (Ab.)

Chor. O suchet, ihr Treuen, o suchet den Herrn!
O rufet ihn, ruft ihn! Denn weilt er auch fern,
So führe ihn wieder der Rufenden Schall!
O Fürst, o geliebter, o hör' unsern Hall!

Kaiser Friedrich kommt mit Gefolge.

Kaiser Friedrich.
O Himmel, welche Klagestimmen hör' ich!
Mit Donneruf empfangt ihr Alpen mich?
Ein Berg stürzt ein! Ist das der Dank der Liebe,
Die mich zu euch, ihr treuen Wächter, zieht?
Ich hab' euch meinen Sohn vertraut;
Wo habt ihr Maximilian gelassen?

Chor. O suchet, ihr Treuen! O suchet den Herrn!
O rufet ihn, rufet! Denn weilt er auch fern,
So führe ihn wieder der Rufenden Schall!
O Fürst, o geliebter, o hör' unsern Hall!

Kaiser. Das Thal ist menschenleer. Der Berg, der Wald,
Die Schlucht, der Abhang hallt von Klagen wieder.
Wer kündet mir, was hier geschehen sei?
Aspis (für sich). Der Dämon hat das Ziel der Wuth erreicht;
So mög' auch meine Schlangenlist gelingen.
Der droben sterbe, jeder Hilfe fern;
Ich will den andern hier mit Schmerzen tödten.
(Laut.) Ha, welch ein Unglück!
Kaiser. Was klagt dieser Frembling?
Aspis. Du fragst noch, Herrscher, was es sei? Weh dir!
Willst du das größte Unheil wissen, das
Geschrieben je, erzählt, verkündigt ward?
Nicht kennt Gerücht ein ärgres, noch Geschichte.
Maximilian — doch nein, ich kann nicht weiter. —
Kaiser. Gar schlimm begannst du; übler endest du.
Du lässt das Gift mich tropfenweise trinken.
Doch sprich! Vollende!
Aspis. Maximilian
Verlor sich in Verfolgung eines Wildes.
Ihm konnte niemand folgen, niemand weiß,
Was aus ihm ward, doch ahnen wir das Schlimmste;
Denn wie du selber hören musstest, barst
Des Berges Gipfel, oder eine Schneelahn
Hat ihn verschüttet unter Donnerbrüllen.
Kaiser. Weh mir, dass ich so großes Leid kann hören,
Ohne daran zu sterben. O ihr Alpen,
Ihr alten Wächter meines Reichs! Wie David
Den Bergen Gelboes sollt' ich euch fluchen,
Dass euch der Himmel seinen Thau versage,
Dass keine Blume, keine Frucht auf euch
Vom goldnen Sonnenlicht umschmeichelt werde:
Denn Östreichs Ehre fand allhier den Tod.
Basilisk (kommt).
O Herr, was klagst du also grundlos? Höre:
Maximilian lebt!
Kaiser. Was sagst du?
Basilisk. Nur die Wahrheit.
Das Glück begünstigt offenbar dein Haus.

Mein scharfes Auge sah ihn selber deutlich
Dort auf dem Gipfel hin und her sich wendend.
Kaiser. Wär's möglich? Lass dich in die Arme schließen
Für solche Freudenbotschaft! Größre Gunst
Noch kannst du, wenn ich Zeit gewinne, hoffen.
Auf, folgt mir alle! Suchet einen Pfad,
Der uns hinauf, der ihn herunter leitet. (Ab.)
Aspis. Du Thor! Schon wollte meine Wuth ihn tödten
Durch gift'ge Kunden, da kommst du daher,
Mit deinen Neuigkeiten ihn zu trösten.
Basilisk. O, über deine Einfalt! Ich und trösten!
Ist's Trost, dem Vater seinen Sohn zu zeigen,
Wie der verzweifelnd ohne jede Hilfe
Dem Tod, der Pein entgegenschaudert? Ha,
Was gibt es größres Leid?

Dämon kommt.

Dämon.   Ja, er hat Recht.
Der Vater soll den Sohn verschmachten sehen.
Den Pfad der Rettung wird er nimmer finden.
Von Leuten wimmelt schon der ganze Berg;
Verschlossen bleibt er doch von jeder Seite.
Zerklüftet hab ich also Fels und Klippen,
Dass nur ein Adler hier den Zugang fände.
Doch macht euch nicht verdächtig bei dem Vorfall!
Mischt euch unter die Leute und vermehrt
Noch ihre Klagen durch verstärktes Heulen! (Ab.)
Chor. Unmöglich die Hilfe! O Jammer, o Noth!
Der Fürst ist verloren! Ihm naht schon der Tod.

Maximilian zeigt sich wieder auf der Höhe.

Maximilian.
Welch Leid kann sich vergleichen meinem Leide?
Den kleinen Gipfel, der mein rettend Brett
Im Schiffbruch scheint, umschritt ich tausendmal,
Sucht' hin und her, doch find' ich keinen Steg,
Der mich herniedersteigen ließe. Nein,
Nur Abgrund droht allseits mit grausem Schwindel
Mein Glaube nur läst mich allhier beharren;
Sonst stürz ich mich verzweifelnd in die Tiefe.

Doch mir nicht, Gott allein gehört mein Leben;
Er sendet mir dies Unglück. So geschehe
Sein heil'ger Wille. Nur Ergebung ziemt mir.
Denn bin ich hier auch in der ödsten Wildnis,
Wo nicht ein Gras mir Nahrung geben kann,
Wo keine Quelle mich erquickt, kein Baum
Mit seinem Schatten vor der Sonne Pfeil
Und vor des Sturmes Wuth mich schützt, so soll
Mein Muth doch nicht ermatten. Einen Schmerz
Nur kenn' ich, dass ich sterbend missen muss
Das hocherhabne Sacrament, das ich
So hoch verehre. Höchster Ruhm des Glaubens
Wär's, wenn ich diese Gnade nun verdiente.
Doch Himmel, wohin irren meine Sinne?
Wie käme je ein Priester hier herauf?
Wer hörte meinen Nothschrei? Ach, die Luft
Verweht das Wort des einsam Rufenden.
Wer könnte mich auch sehen jetzt, da schon
Der Tag sich neigt? Es hüllen Berg und Thal
In Dämmerung sich ein. Ich sehe kaum
Hinab, noch weniger wird man von unten
Mich hier erspähen können, wird verstehen
Die Zeichen, die ich ihnen geben kann.
Und dennoch soll Verzweiflung nicht obsiegen.
Und dennoch will ich rufen! — Ha, im Thale!
Im Thale, ha, zu Hilfe! — Ach umsonst!
Mein Ruf erreicht kein Menschenohr da drunten.
Das Echo nicht einmal gibt mir hier Antwort.
Es schweigt der Widerhall, der ganz allein
Mein schwaches Rufen noch verstärken könnte.

Der Kaiser tritt unten wieder auf.

Kaiser. Kein Trost erscheint mir mehr in solchem Leide.
Ja, einer doch! Lasst uns zu Gott uns wenden!
Eilt hin zum Dorfe! Lasst den Priester bitten,
Er möge mit der Andacht heil'gen Waffen
Den Himmel stürmen. Drängendem Gebet,
So heißt es, kann auch Gott nicht widerstehen.
Indessen lasst uns unsre Mühn erneuen.

Wer ihn, die Hoffnung Habsburgs retten könnte,
Dem biet' ich an die Hälfte meiner Krone.
Freidank. Die Hälfte meines Herzens gäb' ich hin,
Wär' nur die schwächste Hoffnung einer Rettung.
Frohmut. Bald kommt die Nacht. Laßt uns den neuen Tag
Erwarten. Alle Müh ist jetzt umsonst.
Indessen sucht in jenem Kirchlein Schutz!
Erlabet Euern müden Leib! Zum Schlafe
Legt hin das Haupt, und hoffet von dem Morgen!
Kaiser.
Nein, nein! Wie kann ich Schutz und Obdach suchen,
Wo schutzlos dort mein Sohn in Qualen steht?
Wie kann mir Schlaf in meine Augen kommen,
Wenn jener schlaflos seines Retters harrt?
Weh mir Unsel'gem! Hier auf dieser Stelle
Will ich ausharren ohne Unterlaß,
Bis ich entweder ihn errettet sehe,
Oder er mich im Sarge ruhen sieht.
Dämon. Mich dünkt, ich werd' euch beide allzusammen
Verderben sehn. Habsburg, dein Ziel ist da!
Aspis. Bald ist die Sendung Österreichs beendigt.
Basilisk. Bald schauen wir des Himmels Plan vereitelt.
Freidank. Wer kann solch Unheil nur zu Ende denken?
Frohmut. Weh, nun ist jede Freude uns genommen!
Chor. Wer ist, den dieses Leiden nicht erbarme?
Es naht die Nacht. Verloren ist der Arme!
Maximilian (auf der Höhe).
Zum letztenmal will ich die Stimme heben,
Bevor entkräftet ich zu Boden sinke.
O hilf mir, Echo! Stärke meinen Ruf! —
Im Thale, ha!
Fides (unsichtbar). Im Thale, ha!
Spes (unsichtbar). Im Thale, ha!
Caritas (unsichtbar). Im Thale, ha!
Kaiser.
Hat sich mein Sinn verirrt? Wie? Hör' ich wirklich?
Vernahmt ihr nicht des Widerhalles Schall?
Freidank. Ja, Herr, so schien's.

Frohmut.   Es wehte her vom Berge.
Kaiser. Wenn uns ein Zufall tückisch nicht getäuscht hat,
So müssen wir nochmals den Ruf vernehmen.
Still, lasst uns lauschen! Hört ihr nichts? O stille!
Maximilian. Im Thale, ha!
Fides.   Im Thale, ha!
Spes. Im Thale, ha!
Caritas.   Im Thale, ha!
Kaiser. Vernahm ich nicht zum zweitenmal die Stimme?
Freidank. Kein Zweifel!
Frohmuth.   Das ist Maximilian!
Maximilian. O Freunde, höret!
Fides.   Höret!
Spes.   Höret!
Caritas.   Höret!
Maximilian. Kommt mir zu Hilfe!
Fides.   Hilfe!
Spes.   Hilfe!
Caritas.   Hilfe!
Maximilian. Vernehmt mein Klagen!
Fides.   Klagen!
Spes.   Klagen!
Caritas.   Klagen!
Freidank. Ich höre seine Stimme klagend tönen;
Doch was er will, ich kann es nicht verstehen.
Frohmut. Lasst uns noch schärfer lauschen! Dann vielleicht
Verstehen wir, was uns sein Ruf bedeutet.
Maximilian. Ihr Freunde, nicht zu retten Leib und Leben,
Beschwör' ich euch! Nein, ich erwarte hier
Schon meinen Tod, entkräftet und verwirrt.
Um Nahrung meiner Seele fleh' ich nur.
Tragt an den Berg das heilige Sacrament,
Daß ich's von ferne doch anbeten kann!
Es stärke mich in meiner höchsten Noth!
O Freunde, höret!
Fides.   Höret!
Spes.   Höret!
Caritas.   Höret!

Kaiſer. Ja, das iſt meines Sohnes bange Stimme!
Der Wiederhall trägt ſie bis zu mir her.
Doch ach, wie könnt' ich wieder Antwort geben?
Ich will's verſuchen; denn die Wunderkraft,
Die ſeine Stimme ließ ſo weit erklingen,
Sie wird auch mir die Kraft zum Rufen geben. —

Mein unglückſelig Kind, ich höre dich,
Dein Vater! Ach, vermöcht' ich Lebenskraft
Und Rettung mit dem Wind empor zu ſenden!
Doch kann ich meine Stimme kaum dir ſchicken.

Maximilian.
Ja, Herr und Vater, deinen Ruf vernehm' ich.
Und mit dem Ton bringt mir auch Troſt und Leben
Herauf. Zwei Bitten ſend' ich dir hinab.
Gib deinen Segen mir! Dies iſt die erſte.
Und dann laſs eiliglich das Sacrament
Zum Thale bringen, daſs vor meinem Tod
Ich es im Geiſte doch empfangen möge.

Kaiſer. Ich ſegne dich, mein Sohn, für deine Andacht,
Die du von hohen Ahnen haſt ererbt.
Gäb' es für mich noch Troſt, dies wär' mir Troſt. —
So helft mir, ſeine Bitte ſchnell erfüllen!
Begleitet all mit mir das Sacrament,
Wie ſich's gebürt, im feierlichen Zuge!
O harre, Sohn! Kann ich auch deinen Leib
Nicht retten, ſoll doch deine Seele ſiegen! (Ab.)

Chor. Dein Sohn iſt verloren;
Doch zage du nicht!
Der Geiſt, neugeboren,
Entſchwingt ſich zum Licht.
Der Körper, er ſterbe!
Der Dämon erlieg'!
Der Glauben erwerbe
Der Seele den Sieg!

Dämon. Iſt auch des letzten Habsburg's Leib verloren,

Mich ärgert's, daſs er noch im Tode Troſt
Von seinem eitlen Wahne haben soll.

Baſilisk. Ich fürchte, daſs sein Schutzgeiſt ihm verhalf
Zu solchem Troſt! doch wenig soll's ihm nützen.

Aſpis. Mir ahnt, daſs Glaube und die Hoffnung ihm
Geholfen; ihre Stimmen schienen mir
Den Wiederhall zu tragen.

Dämon.   Und die Liebe.
War auch dabei. Das iſt mir größte Pein,
Daſs ihn die Tugenden vor der Verzweiflung
Bewahrten. Sie verdarben mir das Spiel.

Baſilisk. Verfluchter Anblick! Schaut, aus der Kapelle
Tritt dort der Prieſter schon mit der Monſtranze.
Verwünscht! Warum erregt dies Stücklein Brot
Mir solches Graun und zwingt mich in den Staub?

Aſpis. Mich ärgert mehr noch diese Schar von Leuten,
Die, unbelehrt von allem Unglück, noch
Dem leeren Zeichen ihre Ehrfurcht zollen.

Dämon. Was kümmert dies mich? Aber daſs der Jüngling
Da droben solches schaut und Tröſtung draus
Erklügelt, muſs mich alle Zeiten ärgern.

Maximilian. O Heil mir! Nahen seh' ich schon die Menge.
Ha, sie umgibt in feſtlichem Gedränge
Das Heiligthum, das Zeichen neuem Bunde,
Den Himmel einend mit dem Erdengrunde.
Ich seh' es ſtrahlen durch die Dämm'rung her,
Und keinen Schmerz füllt meine Seele mehr.
Vollendet iſt des Lebens wirrer Drang.
Es löſt sich in anbetendem Gesang.

Chor hinter der Scene, wo auch die übrigen Personen mit dem Allerheiligſten gedacht sind.

Chor. Tantum ergo sacramentum
Veneremur cernui;
Et antiquum documentum
Novo cedat ritui.
Praestet fides supplementum
Sensuum defectui.

Maximilian. Gegrüßt, o Weltenopfer voller Pracht,
In Abels Lamme längſt vorherbedacht,

3*

In Mosis Manna wunderbarer Weise,
In Calebs Trauben, in Elias' Speise,
In Isaias' rothem Keltersaft,
In Melchisedechs Opferpriesterschaft!
Du bist der Honig in des Löwen Mund,
Du Josefs goldnes Korn, Ruths Ähren und
Abigails Gabe, Israels Tempelbrot,
Unsterblich Gegengift der Sündennoth,
Der Auserwählten auserlesne Speise,
Der Segnung Kelch, Wegzehrung ew'ger Reise,
Der Liebe Land, verborgner Gottheit Thron,
Andenken seiner schmerzlichen Passion!
Du höchstes Wunder, das der Glaube kennt,
Unblutig Opfer, größtes Sacrament,
Laß meine Sünden mich vor dir beweinen,
Und wie ich kann, mit dir mich fest vereinen!
Dämon. Dies Beten, dieses Singen, dieses Wallen
Erschreckt und wirrt mich. Ha, von diesem allen
Fürcht' ich Verwirrung meiner hohen Plane.
Je nun, ich that das Meine. Von dem Ganzen
Möcht ich am liebsten nichts mehr sehn noch hören.
Ich geh' nicht fliehend, nein, nur weggeekelt.
Euch beiden überlaß ich nun mein Werk.
Vollendet ihr, was trefflich ich begonnen!
Den Berg hinauf! Bereitet ihm Entsetzen,
Versuchung, Spott, Verzweiflung, Zweifel, Noth!
Erschüttert seinen Glauben, seine Hoffnung,
Raubt ihm die Früchte seiner ganzen Andacht!
Er wird dann um so schleuniger nur fallen. (Ab.)
Basilisk. Bau nur auf mich! Ich übernehm' es, ihm
Den Glauben noch zu rauben. Leicht gelingt
Dies meinem gift'gen Blick. Den Berg hinauf! (Ab.)
Aspis. Ich folge dir, denn ich will seine Hoffnung
Bald in Verzweiflung umgelistet haben. (Ab.)
Chor. Genitori genitoque
Laus et jubilatio,
Salus, honor, virtus quoque

Sit et benedictio.
Procedenti ab utroque
Compar sit laudatio.

Aspis (auf der Felswand oben.)

Was hörst du länger noch auf diesen Sang?
Was siehst du auf das Gaukelspiel hinab?
Es hilft dir wenig. Sterben mußt du doch.
Willst du erst warten, bis der Wahnsinn dir
Die Seele wirrt? Ha, stürze dich hinab
Und mach ein Ende deinem Leiden! Sieh,
Der Gott kommt nie zu dir; so geh' zu ihm!

Basilisk (von der andern Seite).

So spring hinab; dann thut dir nichts mehr weh,
Dann ist dein Zagen, Heulen auch vorbei.
Macht es dir Freude, länger noch zu leiden?
Thu's gleich! Du wirst es doch noch später thun.

Maximilian. O Himmel, gib mir Kräfte, die Versuchung
Zu bannen! Denn von jeder Seite hier
Scheinen Dämonen sich auf mich zu stürzen.
Laß meinen Sinn sich nicht verwirren, daß
Mein Trieb nicht thue, was mein Geist verurtheilt!

Fides, Spes, Caritas (unsichtbar, singen).

Gesang. Kind, vertraue auf die Gnade
Gottes, der ob allen wacht!
Er behütet deine Pfade
In der Wildnis tiefster Nacht.
Sieh, dein Weinen, deine Schmerzen,
Dein Erbangen, deine Pein
War zum Heile deinem Herzen,
Schuf dir Geist und Seele rein.

Aspis. Welch neue Harmonien kommen wieder
Von unten oder gar von oben her?

Basilisk. Ich weiß nicht; aber diese Zauberlieder
Sie machen Glieder mir und Sinne schwer.

Maximilian. O, welche Stimmen durch die Lüfte beben
Die mir den Muth im Innersten beleben!

Gesang. Liebe kommt, von Gott gesendet,
Aus dem Himmel gern zu Thal.

Wer sich bittend an ihn wendet,
Der empfängt der Gnade Strahl.
Seinen Engeln ließ er sagen,
Dich zu führen aus der Pein,
Auf den Händen dich zu tragen;
Es verletze dich kein Stein!

Aspis. Welch mächtiger Beschwörungszauber macht
Der Schlange Gift unwirksam? Fort! Zurück!

Basilisk. Ha, welche nie gesehne Himmelspracht
Verblendet selbst des Basilisken Blick?

Maximilian. Der Himmel öffnet sich und heil'ge Gnade
Strömt niederwärts auf goldnem Ätherpfade.

Gesang. Trau' in Trübsal seiner Milde!
Er errettet aus der Noth,
Naht dir mit des Glaubens Schilde,
Wenn der Pfeile Schwirren droht.
Und des Jägers list'ge Schlingen
Werden reißen ihm zum Spott.
Nicht dem Dämon wird's gelingen
Dich zu fällen: groß ist Gott!

Aspis. Lass uns die Lobgesänge niederbrüllen!
Doch weh! Wer lähmt mir meine gift'ge Zunge?

Basilisk. Hört auf, die Luft mit leerem Klang zu füllen!
Sonst — doch mir stockt der Athem und die Lunge.

Maximilian. Bin ich auf Erden? Bin ich schon im Himmel?
Umschwebt mich holdes Engelschorgewimmel?

Gesang. Komm! Dein Führer ist die Liebe.
Komm! Dein Schutzgeist nimmt dich auf.
Niedersteigend ins Getriebe,
Steig zu höhern Sphären auf!
Lasse liebendes Verlangen,
Lasse Glaube, Hoffnung blühn!
Setze deinen Fuß auf Schlangen
Und auf Basilisken kühn!

Aspis. Weh mir! O Meister, komm uns jetzt zur Hilfe!
Sonst geht dein Werk verloren. Ich vergehe!

Basilisk. Ich sinke nieder! Wer setzt seinen Fuß
Auf Schlang' und Basilisken? Wehe mir!

Der Engel erscheint oben neben Maximilian.

Engel. Fort! Aber eh ihr flieht, so hört noch dies!
Ihr habet allzu eilig triumphiert.
Ihr dachtet, zu ohnmächtig sei der Bund,
Den Habsburg schloss mit Gottes Schützerhand.
Ihr dachtet, todt schon wär das Haus voll Ehren,
Und seine Frömmigkeit erkaltet. Ja,
Ihr dachtet, todt sei Gott und seine Macht,
Nur Kinderfabel mehr in Menschenherzen.

Aspis. Zertreten und zerknirscht schleich' ich mich fort.

Basilisk. Fort! Sollen wir nur Zeugen seines Sieges sein?

Engel. Geht hin mit dem Bewusstsein. dass ihr sehr
Euch irrtet, denn noch gilt des Schöpfers Ehr'.
Noch pochen Herzen, die auf ihn vertrauen,
Noch könnt Ihr Wunder seiner Gnade schauen.
Noch blüht das Haus, dem Gott der Welt Geschick
Hat anvertraut in ungebrochnem Glück.
Noch fest steht seine Andacht, reichstes Erbe
Der Ahnen, Unterpfand, dass nicht verderbe
Sein Stamm, des Hauses Heil, der Herrschaft Bann,
Des Landes Blüte, treuen Glaubens Hort,
Die Herrlichkeit des Herrn, sein Schöpfungsplan
Und lang gekündetes Weissagungswort.
Entflieht! — Doch Rudolfs frommer Enkel du,
Steig ungefährdet nieder nun in Ruh!
Und deine Enkel mögen neu Vertrauen
Aus deinem Beispiel ziehn und sicher bauen
Auf Gottes Kraft, nicht achtend feilen Spott.
Denn all ihr Heil, es ruht allein auf Gott.

Indessen haben sich die Teufel fortgeschlichen, Maximilian ist unten angekommen.

Maximilian. Wo bin ich hingekommen? Wohin trugen
Mich meine Füße? Was geschah mit mir?
Wer hat von jenes Berges ödem Gipfel
Auf einmal mich in dieses Thal versetzt?
Wer führte mich? Wes Stimme klang so hold
Und tröstlich, aber warnend auch und weisend?
Zu furchtbar ist, was ich in kurzen Stunden
Erlebt, dass mir die Sinne drohn zu schwinden.

Die Knie wanken, und zusammenbricht
Die letzte Kraft, die mich hiehergetragen.

Der Kaiser kommt mit Gefolge. Priester, Fides, Spes, Caritas, Frohmut.

Kaiser. Hieher, ihr Freunde! Ach, vielleicht gelingt's,
Von einem andern Felsen näher noch
Dem Sohn zu kommen, Zeichen ihm zu geben.
Dort laßt uns einen neuen Altar bauen,
Daß er der Andacht Ziel noch näher schaue!
Laßt uns ihn nochmals rufen! Maximilian!

Maximilian. Wer ruft so nah mir meinen Namen, wer?

Kaiser. O, welche Antwort wird so nahe mir?

Maximilian. Mein Vater! Sieh mich hier zu deinen
Füßen!

Kaiser. Ist's möglich? Ist's ein Wahn? Du, Maximilian?

Maximilian. Ich bin's. Erkenne mich. Ich bin dein Sohn.

Kaiser. Laß dich berühren. Gib mir deine Hände!

Maximilian. Ja, und die ganze Seele, all mein Leben!

Kaiser. Wie fandest du den Pfad, den wir vergebens
Mit solcher Angst gesucht, o theurer Sohn?

Maximilian. Ich weiß es nicht zu sagen. Ohne selbst
Zu sehen, wer mich führte, kam ich her,
Wie du mich siehst, vom Berg ins grüne Thal,
Besinnungslos fast, wie im Traume war's.
Hier sank ich nieder, hier auf diesen Stein
Vor furchtbarer Erschöpfung. Aber sonst
Weiß ich von nichts, mein Vater, weiß von nichts!

Kaiser. Ich aber weiß es und erkenn' es wohl.
Dein Glaube, deine Andacht war's allein,
Was dich errettet und das hocherhabne,
Heiligste Sacrament. O kommet alle!
Enthüllt es! Sinket alle ihm zu Füßen,
Und laßt uns jubelnd unsern Dank bezeugen.

Priester. Nein, Herrscher, dies ist nicht der würd'ge Ort
Dazu; nicht hier geziemt es sich, o Kaiser!
Nein, bringt es wieder in das Gotteshaus,
Daß wir es am Altare selbst anbeten.

Kaiser. Du sagst ganz recht. Mit Angst und Thränen
brachten

Wir es an diesen Ort; mit Jubelklängen
Laßt es uns wieder zur Kapelle tragen,
Denn alles Leid hat sich in Lust verwandelt.

Freidank (kommt mit Aspis und Basilist).

O Herr, der Fremden zwei, die seit heut' morgens
Gar sehr verdächtig unsre Lust gestört,
Sah ich in jene Schluchten fliehend weichen.
Mit andern Bauern, meinen Dorfgenossen,
Hab' ich sie abgefaßt und bring' sie her.
Es scheinen Räuber oder Wegelagrer.
Befiel den Deinen, daß sie sie ergreifen,
Sie fesseln und verhindern, in den Bergen
Ihr düstres Wesen länger hier zu treiben.

Aspis. O welche Qual! Wo könnt' ich mich verkriechen?

Basilisk. Ha welche Wuth! Wohin könnt' ich entfliehen?

Engel (tritt auf mit dem Dämon)

Und hier bring ich den dritten. Ärgre Räuber
Sind sie als ihr nur ahnen könnt. Nicht Gold
Und Leben rauben sie, nein Seele, Frieden.
Doch habt ihr sichre Wächter gegen sie,
Bewahrt ihr immer Glaube, Hoffnung, Liebe.

Dämon. O Schmach! Sind diese Bande unzerreißbar?

Frohmut. Was sollen wir vor lauter Freude machen?

Fides. So laßt uns, ihr Bewohner dieser Thale,
Zum Angedenken dieses Glaubenssieges
Geloben, daß ein hohes Kreuz sich dort
Auf jenem Felsenabhang stets erhebe
Als dauernd Denkmal unsres treuen Glaubens.

Spes. Und, liebe Freunde, laßt uns hoffend beten,
Daß unsres Kaiserhauses treue Andacht
Zum heil'gen Sacrament sein schönstes Erbtheil
Für alle künftigen Geschlechter bleibe.
In dieser Hoffnung sind wir fest und sicher,
Daß Österreich und jeder seiner Herrscher
Ans letzte Ziel des Wünschens kommen werde.

Caritas. Der Liebe aber wollen wir die Zukunft
Des Reiches anvertraun. Sie soll die Völker

Vereinen in der Liebe, die zu Gott
Und allen Seinen unser Herrscher hegt.
Priester. Ja, lasset uns darauf in Gott vertrauen!
Es mögen andre Reiche ihren Ruhm
Auf Macht und Reichthum, List und Künste bauen!
Wir bauen auf das höchste Heiligthum.
Dies sei das Pfand der alten Prophezeiung,
Dies rette uns vor manchen Unglücks Streich!
Dies sei zu unsres Landes höhrer Weihung,
Der größ're Ruhm des Hauses Österreich.
Chor. Wohlauf zum Dank der frohen Wendung
Betreten wir das Heiligthum.
Erkenn' hinfort in höhrer Sendung,
O Östreich, deinen höchsten Ruhm!
Kaiser. So steige, edler Priester, zum Altare!
Die Freude möge dich alldort empfangen!
Frohmut. Ja, schon steht an Tempels Schwelle
Freude, euer harrend, da.
Dies ist ihre rechte Stelle.
Nur dem Heil'gen ist sie nah.
Chor. Freude harret euer da.
Nur dem Heil'gen ist sie nah.
Fides. Nur im Glauben ist der Frieden,
Ist die Freude, ist die Ruh.
Theures Reich, dir sei beschieden
Glauben, Segen immerzu!
Chor. Nur im Glauben wird dir Ruh,
Theures Östreich, immerzu.
Spes. Hoffend lasset uns verbringen
Unsre ganze Lebenszeit!
Hoffend nur wird es gelingen,
Auszulöschen alles Leid.
Chor. Hoffnung soll von dieser Zeit
Tilgen alles Erdenleid.
Caritas. Liebe soll ob Östreichs Landen
Schweben! Liebe soll sie weihn!
Wo einst stärkste Gegner standen,
Wird noch größte Liebe sein.

Chor. Wollet euch der Liebe weihn!
Einheit soll uns Kraft verleihn.
Dämon. Hätt' ich, Östreich zu zerschmettern,
Tausend Flüche!
Basilisk. Könnt' ich kühn
Tausend Blitze niederwettern!
Aspis. Könnt' ich tausend Gifte sprühn!
Chor. Gift und Fluch und böse Tück'
Fall' auf Östreichs Feind zurück!
Freidank. All dies Ängstigen und Plagen
Trieb mir jedes Denken aus.
Dies allein kann ich noch sagen:
Vivat unser Kaiserhaus!
Chor. Ruft's in alle Welt hinaus:
Vivat unser Kaiserhaus!
Engel. Siege sind nur eitle Schimmer,
Es vergeht all Heldenthum.
Fester Glaube bleibet immer.
Dies sei Östreichs ew'ger Ruhm.
Mächtig durch des Glaubens Stütze
Lenke uns des Herrschers Hand!
Gott erhalte, Gott beschütze
Unsern Kaiser, unser Land!
Alle (Chor). Gott erhalte, Gott beschütze
Unsern Kaiser, unser Land!
Mächtig durch des Glaubens Stütze,
Führ' er uns mit weiser Hand!
Laßt uns, eins durch Brüderbande,
Höchstem Ziel entgegen gehn!
Heil dem Kaiser! Heil dem Lande!
Österreich wird ewig stehn.

Nachwort.

In wieweit die vorliegende Bearbeitung sich vom Original entfernt, mag am leichtesten aus der wortgetreuen Übersetzung von Franz Lorinser ersehen werden, die sich im 10. Band seiner deutschen Ausgabe von Calderons „geistlichen Festspielen" befindet. Man wird sich dabei auch von der Nothwendigkeit einer freieren Bearbeitung überzeugen können. Der spanische Titel lautet vollständiger: El segundo blason de Austria, der „zweite" Ruhm Österreichs. Die Erklärer sind sich aber nicht darüber einig, ob unter dem „ersten" Ruhm Rudolf von Habsburgs Ehrerbietung und Dienstleistuug gegenüber dem die letzte Wegzehrung tragenden Priester zu verstehen sei, oder der politische und militärische Ruhm Österreichs. Diesem Festspiel, wie allen andern, geht im Spanischen eine dialogisierte Einleitung theologischen Charakters vorher, eine „Loa", die nur in loser oder eigentlich keiner Beziehung zum Inhalt des Stückes steht. Ich habe einen Prolog an dessen Stelle gesetzt, durch den auf den Zweck dieser Bearbeitung hingewiesen ist; sie soll nämlich aus Anlaß des fünfzigjährigen Kaiserjubiläums in diesem Jahr zur Aufführung kommen, ungefähr in derselben Weise, in der vor Jahresfrist das „große Welttheater" des spanischen Dichters vorgeführt wurde.

Möge es gestattet sein, bei dieser Gelegenheit auf die Versuche zurückzusehen, die seit mehreren Jahren hauptsächlich im Zusammenhang mit der österreichischen Leo-Gesellschaft zur Reform der dramatischen Kunst gemacht worden sind; denn die beabsichtigte Inscenierung unseres Weihespieles bildet nur eine Stufe auf diesem beschwerlichen Wege nach den höchsten Zielen der Kunst.

Die Erkenntnis, dass, wie unsere ganze Kunst, so auch die stehende Bühne in einer allseits und offen eingestandenen Decadenz begriffen sei, bot den Ausgangspunkt dieser Reformbewegung. Die ethischen, die staatserhaltenden, die religiösen Grundlagen der Künste sind fast durchaus aufgegeben worden, die Kunstpflege besteht fast ausnahmslos nur mehr aus einer wetteifernden Speculation auf die niedrigsten Instincte der menschlichen Natur. Es werden ungeheure Summen auf die Erhaltung der Theater ausgegeben, leider nicht im Interesse der culturerhaltenden Mächte, sondern eher zur beabsichtigten oder unbeabsichtigten Desorganisation und Revolutionierung der Gesellschaft. Es soll nicht geleugnet werden, dass manchen Trägern dieser Decadenz selber bange wird, dass sie nach einer Regeneration fast fieberhaft streben, aber sie finden mit geringer Ausnahme diesen Rettungsweg nicht, da sie sich, durch die Schlagworte der Mode verblendet, nicht entschließen können, zu den ewigen und heiligen, ethischen und religiösen Grundlagen der Kunst zurückzukehren, wie sie seit den Zeiten der griechischen Kunstblüte als bleibender Kanon des Schönen feststehen. Das griechische Drama als vaterländisches, nationales und volksthümliches Weihefestspiel auf positiver religiöser Grundlage war der Wegweiser auf dem Wege der Reform. Es zeigt uns ein Gesammtkunstwerk von wohlbegründeter Mischung der Rede mit Gesang fern von jeder individualistischen Virtuosität. Ihm ist vor allem der Festcharakter eigen. Es soll nicht nur zur Unterhaltung, sondern zur Erhebung und Belehrung dienen, es soll das Leben verklären, die staatlichen, sitt-

46

lichen und religiösen Grundlagen der Cultur wesentlich
kräftigen, mag es nun in ernster oder heiterer Weise
geschehen, drohend oder lachend, in Tragödie oder Ko=
mödie.

Genau denselben Festcharakter wie das classische Drama
der Griechen weist das Drama des Mittelalters auf;
es ist wie jenes volksthümlich, religiös, an die Fest=
zeiten sich anschließend, predigend und belehrend, es ist
wie jenes mehr Gottesdienst und Staatsaction als bloßer
Zeitvertreib. Diesen Charakter hat das christliche Drama
bis in die neuere Zeit noch in Spanien erhalten, bei
Calderon, den wir als Hofdichter der spanischen Habs=
burger kaum für einen Ausländer ansehen dürfen. Diesen
Charakter hat es in Deutschland wenigstens bis zu einem
gewissen Grade noch bei Hans Sachs bewahrt, dem
biederen Lehrmeister seiner Nation, während das virtuose
oder rein ästhetische Unterhaltungsdrama seit dem Anfange
des 17. Jahrhunderts von den individualistischen Nach=
ahmern der Engländer und Franzosen gepflegt wurde.
Nur ein Werk aus dieser Zeit ragt in die Höhe unseres
Ideals hinein, das Volksschauspiel von Doctor Faust.

Die ganze Arbeit unserer neueren Classiker war
auf die Wiedergewinnung jenes echten alten Ideals
gerichtet, obwohl sie sich selber gestehen mußten, daß sie
es wegen der Ungunst der Zeit nur unvollkommen
erreichen konnten. Das ergreifendste Denkmal dieses
Ringens ist der Briefwechsel Goethes mit Schiller. Wir
wollen auch heutzutage mit unseren Reformbestrebungen
in aller Bescheidenheit nichts anderes, als was jene
Classiker angestrebt haben. Wir sind im Vergleiche mit
ihnen nur in der etwas günstigeren Lage, auf ihren
Schultern zu stehen, uns ihre Errungenschaften und
auch ihre offenkundigen Fehler zunutze machen zu
können.

Wir wollen auch nichts anderes als die Arbeit
jenes Meisters vollenden und weiterführen, der die uns
vorangehende Generation zum künstlerischen Ideal sieg=
reich hingelenkt hat; ich meine Richard Wagner. Man

folgt aber den Meistern nicht nach, indem man sie copiert oder in ihren Formen erstarrt. Wir verstehen die Lehre der Griechen schlecht, wenn wir griechische Tragödien im Chiton dichten und den Olymp berufen. So verhält sich's auch mit den Classikern, so mit Wagner. Wir dürfen nicht denselben Weg noch einmal gehen, den jene gegangen. Wir müssen, wenn wir unsern Vortheil verstehen, von da aus, bis wohin sie uns glücklich geleitet haben, auch selber weitergehen.

Um nun im einzelnen unsere Versuche aufzuzählen, sei als propädeutische Einleitung die Übersetzung der sophokleischen Antigone durch Michael Gitlbauer erwähnt, zu der ich die Vertonung der Chöre und Gesänge beisteuerte (Allgemeine Bücherei, herausgegeben von der österreichischen Leo-Gesellschaft, Wien und Leipzig, Wilhelm Braumüller). Ähnlichen vorbereitenden Zweck verfolgten zahlreiche Erneuerungen von Fastnachtspielen des Hans Sachs, die seit 1893 zur Carnevalszeit in den geselligen Abenden der Leo-Gesellschaft zur Aufführung kamen. Bei Gelegenheit des Hans Sachs-Jubiläums traten einige davon in eine größere Öffentlichkeit und liegen nun als Heft 9 der „Allgemeinen Bücherei" vor (Ein Hans Sachs-Abend. Für das Wiener Burgtheater eingerichtet von Fr. Lemmermayer und R. Kralik). Der erfolgreichste Schritt war die Aufführung des Weihnachtsspiels durch die Leo-Gesellschaft im December 1893, nach der Bearbeitung des gesammten traditionellen Materials, die ich schon im Jahre 1887 vorgenommen hatte, ohne Hoffnung einer jemaligen Verwirklichung meiner Pläne. Nun liegt das Spiel zusammen mit dem Dreikönigsspiel gedruckt vor und hat acht Vorstellungen zugrunde gelegen (Das Mysterium von der Geburt des Heilands. Ein Weihnachtsspiel nach volksthümlichen Überlieferungen, Herausgegeben auf Veranlassung der Leo-Gesellschaft. Wien, Konegen, 1894. Mit musikalischem Anhang). Ein umfangreicheres Osterspiel, zu gleicher Zeit wie das Weihnachtsspiel redigiert, wurde in der Folge auch gedruckt und harrt seiner schwierigen Inscenierung (Das My=

sterium vom Leben und Leiden des Heilands. Ein Oster=
festspiel in drei Tagewerken. Mit musikalischem Anhang.
I. Die frohe Botschaft. II. Die Passion. III. Die
Auferstehung. Wien, Konegen, 1895). „Das Volks=
schauspiel vom Doctor Faust" (erneuert durch R. K.,
Wien, Konegen, 1895), das für die neuere Zeit ungefähr
die litterarische Bedeutung hat, wie die Mysterien für
das Mittelalter, ist wohl zum Zweck der Aufführung
veröffentlicht, wurde aber einstweilen noch zurückgestellt.
Wichtiger schien die Erneuerung der geistlichen Festspiele
Calderons. Eine durch die Leo=Gesellschaft geplante Auf=
führung des „großen Welttheaters" gelang nach einiger
Verzögerung durch die Initiative zweier hochsinniger
Damen, Gräfin Zichy=Metternich und Prinzessin Alexan=
drine zu Windisch=Grätz. Die Aufführung im großen
Arkadenhofe des Wiener Rathhauses musste vor allem
durch den unvergleichlichen, im höchsten Grade stilvollen
Rahmen mächtiger wirken als das bisher Versuchte. Die
Drucklegung des Textes (ohne die Musik) in der Über=
setzung von Eichendorff legte zugleich die höchst frucht=
bare Idee der „Allgemeinen Bücherei" nahe. Diese
Bibliothek hat die Wirkung unserer „freien" Festbühne
wesentlich unterstützt, dank dem entgegenkommenden
Verständnis ihres Verlegers.

Ein Festspiel, das die ältesten religiösen Traditionen
unseres heimischen Bodens verherrlicht, wurde durch den
katholischen Jünglingsverein „Mariahilf" angeregt und
dargestellt (Kaiser Marcus Aurelius in Wien. Ein Weih=
festspiel mit Chören, gedichtet und vertont von R. K.,
Allgemeine Bücherei Nr. 7). Zu gleicher Zeit erscheint
in der „Allgemeinen Bücherei" als 14. und 15. Heft
eine Art von Dilogie: Rolands Tod, ein Heldenspiel;
Rolands Knappen, ein Märchenspiel. Beide sollen zu=
sammen einen Festabend bilden. Einstweilen wird als
Fastnachtspiel die zweite Hälfte zur Aufführung vor=
bereitet, zum Zeugnis, dass neben dem höchsten Ernst
auch der heitersten Laune ihr Recht nicht verwehrt
sein soll.

Gleichzeitig mit diesen praktischen Versuchen giengen theoretische Erörterungen: Kunstbüchlein gerechten, gründ= lichen Gebrauchs aller Freunde der Dichtkunst, Wien, 1891; Weltschönheit, Versuch einer allgemeinen Ästhetik, Wien, 1894; Decadenz und Regeneration der modernen Kunst (Das Leben. II, 1); Vergangenheit und Zukunft der Bühne (Vaterland, Januar 1891); Über Festbühnen (Das Leben. I, 3) u. s. w.

Ich verzichte darauf, meine und meiner Freunde weitere gedruckte oder ungedruckte Arbeiten dieser Art aufzuzählen. Auch dafür wird noch die Zeit kommen. Dies genüge, um ahnen zu lassen, daß schon genug Material vorliegt, ein Weihfestspielhaus zu beschäftigen, wie wir es wünschen. Es liegen uns bereits Pläne und Modelle dazu vor. Man hat mit der Finanzierung dieses Unternehmens bisher aus Vorsicht gezögert und es gerne gesehen, daß sich andere der Idee zuvor= kommend bemächtigten. Denn es ist uns nicht um den Erfolg einer Saison, sondern um die ganze Zukunft zu thun, nicht um die heutige Mode, sondern um die ewigen Principien des Schönen. Nachdem wir einmal im glücklichen Besitze derselben sind — Deo favente —, muß sich ihre Verwirklichung durchsetzen, ob es nun heute geschehe oder morgen.

Aber zu dieser vollen Verwirklichung gehören freilich unendlich mehr Mittel, als über die wir heute verfügen. Ohne eigentlichen Theatersaal, in der Aufstellung der Bühne wie in den Proben beschränkt, angewiesen auf die oft erprobte Opferwilligkeit freiwilliger Schauspieler, die nur selten ihre Mußestunden unserer brotlosen Kunst= übung opfern können, hat man nach jeder Aufführung den herabgerollten Felsblock aufs neue den Berg hinauf zu wälzen. Es müßte um die Rundheit der Vorstellungen schlecht stehen, wenn nicht doch bis jetzt ein guter Stern darüber geleuchtet hätte. Die Ausstattung, die aus dem Ertrage der Aufführungen sich bezahlt machen soll, kann nur eine bescheidene sein. Was wir bieten können, darf nur als Ansatz und Anfang, als vorsichtiger Versuch gelten. Man kann von uns nicht das verlangen, was Hofbühnen mit täglich 1000 Gulden Zuschuß leisten könnten. Möge man nur unsere schreienden Mängel recht bemerken und unerträglich finden! Möge man uns unbarmherzig zwingen, eine würdige Weihfestbühne zu bauen, tadellose Arbeiter zu werben und zu entschädigen, eine glänzende Ausstattung durch die ersten bildenden Künstler anzuschaffen und — die dazu nöthigen Capitalien anzunehmen! All dies würde vielleicht nicht zum Genusse einiger Feinschmecker, wohl aber zum Besten des Volkes und seiner wahren künstlerischen Bedürfnisse dienen.

Druck von Josef Roller & Comp. Wien.